GUIDE
DU VISITEUR ET DU PÈLERIN
A
N.-D. DE CHARTRES

NOTICE
SUR CE CÉLÈBRE SANCTUAIRE.

Prix : 50 cent.

PARIS.

Librairie religieuse de Notre-Dame de Chartres,
AMÉDÉE CAMUS, ÉDITEUR,
Rue de Tournon, 27.

1860

GUIDE

DU VISITEUR ET DU PÈLERIN

A

N.-D. DE CHARTRES

GUIDE

DU VISITEUR ET DU PÈLERIN

A

N.-D. DE CHARTRES

NOTICE
SUR CE CÉLÈBRE SANCTUAIRE

PARIS
Librairie religieuse de Notre-Dame de Chartres
AMÉDÉE CAMUS, ÉDITEUR
Rue de Tournon, 27
1860

AVANT-PROPOS.

—co—

Parmi les nombreux pèlerins qui recommencent à fréquenter le sanctuaire de Notre-Dame de Chartres, il en est peu, je dirai même il n'en est presque pas qui connaissent parfaitement l'histoire de la sainte église de Marie et de tous les objet sacrés que la piété des fidèles se plaît à y vénérer.

Plusieurs fois nous avons entendu ces personnes se plaindre de l'absence d'un livre quelconque qui donnât des détails satisfaisants en même temps que succincts sur ce célèbre pèlerinage. Il avait paru jusqu'à ce jour plusieurs ouvrages, dont les uns s'adressaient uniquement aux voyageurs instruits, et les autres n'avaient pour but que d'aider les pèlerins dans leur visite de dévotion aux pieds de la Madone qui les attirait à Chartres.

Tout en élucidant quelques questions pleines d'intérêt, chacun dans leur genre, ces ouvrages ne pouvaient satisfaire la pieuse curiosité d'un visiteur et d'un pèlerin qui n'ont que quelques heures à consacrer à la contemplation de toutes les merveilles archéologiques et religieuses que la cathédrale renferme dans son sein.

Il fallait donc un petit ouvrage qui, dans un cadre fort restreint, donnât néanmoins tous les détails désirés, et qui pût servir véritablement de *Guide* à tous les visiteurs dans le peu de temps qu'ils passaient à Chartres.

Nous avons pensé que, en nous aidant des ouvrages qui ont traité ce sujet, ainsi que du charmant recueil *la Voix de Notre-Dame de Chartres*, en nous rappelant les traditions que nous avions été à même de puiser à leur source, pendant les douze années que nous eûmes le bonheur de passer aux pieds des clochers du temple de Marie, nous pourrions peut-être donner ce précis succinct capable d'intéresser tout visiteur et tout pèlerin à Notre-Dame de Chartres. Avons-nous réussi ? La lecture de ce petit livre, d'un prix très-minime, pourra seule le dire.

Nous n'avons eu, du reste, qu'un seul but dans la composition de cet opuscule, qui n'a aucun mérite sous le point de vue littéraire, puisque c'est une simple compilation. Faire mieux connaître Notre-Dame de Chartres, si vénérée par nos ancêtres, afin que les fidèles de nos jours renouent la chaîne pendant soixante ans interrompue des pieux pèlerinages à l'autel de la Vierge Druidique. La réalisation de ce dessein est mon plus vif désir. Et Marie, du fond de son antique sanctuaire, opérera encore des miracles de miséricorde ; elle sourira encore du haut de son pilier aux prières de ses dévots pèlerins ; et tous se relèveront consolés, fortifiés, heureux d'être venus saluer, à l'exemple de leurs aïeux, la *Vierge aux Miracles*.

Sainte Dame de Chartres, jetez un regard maternel sur ce modeste opuscule : il n'a été composé que pour raviver votre culte dans les cœurs en vous faisant mieux connaître. Donnez-lui la publicité qu'il doit avoir : je m'en remets entièrement à vous du soin de sa propagation, puisqu'il est devenu votre affaire propre. Je me tiendrai pleinement satisfait si j'ai pu, par son moyen, vous procurer un serviteur de plus et affermir vos dévots dans l'amour de votre culte.

Un Enfant de Notre-Dame-de-Chartres.

CHAPITRE I.

ORIGINE DE LA DÉVOTION A NOTRE-DAME DE CHARTRES.

—

Jules César rapporte que, de son temps, les Druides gaulois, en possession d'enseigner la religion à la jeunesse et même de prédire l'avenir, se réunissaient tous les ans dans un lieu sacré du pays chartrain.

La tradition de cette province ajoute que, dès avant Jésus-Christ, ils avaient érigé sur la hauteur même où fut bâtie dans la suite l'église cathédrale de Chartres, un autel dédié à *la Vierge qui devait enfanter*, et que, conformément à la pratique des Gaulois de graver des inscriptions sur leurs autels, ils y avaient écrit ces mots : *Virgini pariturœ,* devenus depuis si célèbres. Telle est, dit-on, l'origine de ce pèlerinage.

La croyance d'*une Vierge qui devait enfanter* était généralement répandue chez les Païens avant le Christianisme, comme l'a démontré l'auteur de l'*Origine* prétendue *des cultes*; et, de nos jours, on a publié sur le même point des documents qu'on ne saurait contester. Pour expliquer l'origine de cette opinion, on peut, outre une tradition primitive, supposer encore une révélation divine faite aux Païens.

Les Pères de l'Église pensent en effet communément que Dieu leur a fait annoncer la venue de son fils, comme nous le savons très-certainement de Balaam, dont la prophétie était connue chez les Gentils, ainsi que semble le montrer l'exemple des Mages. C'est aussi ce qu'ont pensé beaucoup d'auteurs modernes, d'après saint Thomas; on sait que l'Église romaine autorise cette opinion dans sa liturgie : on lit en effet dans la Prose des Morts : *Teste David cum Sibylla, comme l'attestent David et la Sybille*; et telle est, relativement à l'autel des Druides chartrains, l'opinion adoptée par M. Olier, ce pieux et savant fondateur de la société de Saint-Sulpice : « *Chartres, dit-il, cette sainte et dévote église, première dévotion du monde pour son antiquité, puisqu'elle a été érigée par prophétie.* »

Au reste, cette croyance des Chartrains n'est pas, comme on se le persuade faussement une tradition isolée : on en retrouve des traces dans plusieurs endroits où les Druides avaient établi leurs siéges. Guibert, abbé de Nogent, l'un des hommes les plus graves de son siècle, rapporte que l'Église de son monastère avait été bâtie sur l'emplacement d'un bocage sacré où les Druides sacrifiaient à la Mère future de Dieu qui devait naître : *Matri futuræ Dei nascituri*. Ces paroles ne sont que l'application littérale de l'Inscription de Chartres, *Virgini pariturœ,* car les Païens croyaient que les hommes d'une origine céleste avaient des vierges pour mères, opinion fondée peut-être sur ces paroles d'Isaïe : *Une Vierge enfantera un fils qui sera Dieu avec nous.*

Quoi qu'il en soit, la tradition attestée par Guibert n'est pas moins constante que celle des Chartrains, et maintenant on lit encore au-dessus de l'autel, dans l'église de Nogent : *Ara Virginis pariturœ.* Chasseneux dans son histoire des Coutumes de Bourgogne, raconte à peu près la même chose de deux autres églises, l'une près d'Autun et l'autre près de Dijon. La même inscription se lisait aussi dans l'église de Fontaine, près du château où naquit saint Bernard. Aussi Schedius dit en général que les Druides érigèrent des statues dans leurs sombres sanctuaires à *la Vierge qui devait enfanter.*

Ces statues et ces autels furent sans doute un moyen ménagé par la Providence pour accréditer plus aisément parmi les Gaulois la foi chrétienne lorsqu'elle leur serait annoncée, comme l'avaient été chez plusieurs peuples les autels élevés *au Dieu inconnu*, et dont saint Paul se servit avec tant d'avantage à Athènes pour annoncer à cette ville le même Dieu qu'elle avait adoré sans le connaître.

Telle est, selon la tradition, l'origine de cette fameuse dévotion à laquelle la ville de Chartres a dû, non-seulement sa magnifique église, mais encore sa célébrité, ses priviléges et plusieurs fois sa conservation.

Division de l'ouvrage.

Les innombrables pèlerins que la sainte Dame de Chartres voyait accourir chaque année et qui recommencent à affluer dans son temple, lui offrent leurs hommages, ou devant la statue connue sous le nom vulgaire de *la Vierge Noire du Pilier*, ou devant son image placée dans la crypte et appelée *Notre-Dame-sous-terre*, ou devant la *sainte châsse* qui contient un de ses vêtements. Ces divers objets matériels de la dévotion des pèlerins fourniront le sujet des chapitres suivants. Nous allons auparavant faire l'historique succinct de *la cathédrale* elle-même. Puis, quand nous aurons épuisé les différents sujets que nous venons d'énumérer, nous parlerons aussi brièvement d'un autre endroit de la cité où la puissance de la Reine du ciel s'est manifestée davantage et où elle reçoit un culte particulier : je veux dire *Notre-Dame-de-la-Brèche*. Enfin, nous ferons en quelques mots la description des différentes églises qui ornent la ville privilégiée de Marie.

CHAPITRE II.

LA CATHÉDRALE DE CHARTRES.

—

Dans la description que nous allons faire de la cathédrale, nous nous aiderons des données pleines de science et d'intérêt de M. l'abbé Bulteau.

« La cathédrale de Chartres, dit-il, est
« bâtie sur le sommet d'une petite colline,
« dont les flancs son couverts par les ha-
« bitations particulières, groupées et éche-
« lonnées autour du temple de Marie
« comme des enfants autour de leur mère.
« Le noble édifice domine majestueuse-
« ment l'antique cité sur laquelle il sem-
« ble projeter son ombre tutélaire, et il

« apparaît seul et tout entier aux regards
« du voyageur éloigné encore de plu-
« sieurs lieues. Les deux clochers surtout
« qui se perdent dans les nues, commu-
« niquent à la perspective un mouvement
« plein de noblesse : ils forment le trait
« caractéristique du point de vue, et s'é-
« lèvent en portant le signe de la croix
« au-dessus de la ville, comme pour dé-
« tourner les effets de la justice céleste et
« implorer la miséricorde de Dieu. »

§ 1. Premières phases de la cathédrale.

La grotte druidique dont nous avons parlé plus haut servit d'abord de temple aux premiers chrétiens convertis par saint Savinien et saint Potentien, premiers apôtres du pays chartrain. Mais l'affluence des fidèles les força bientôt à construire au-dessus de la grotte une église qu'ils dédièrent à la très-sainte Vierge; et, avant de retourner à Sens, ils y établirent, comme premier évêque, un de leurs disciples, saint Aventin, qui fut sacré en l'an 6?, dit Souchet dans son *Histoire de Chartres*.

Comme les autres provinces de l'empire romain, Chartres se vit bientôt sous le coup de la persécution. Quirinus, gouverneur de la province chartraine pour l'empereur Claudius, n'épargna pas sa propre fille appelée Modeste et fit jeter son corps avec beaucoup d'autres, après les avoir massacrés, dans le puits, attenant à l'autel de la Vierge dans la crypte. Il a été nommé dès lors *le Puits des saints Forts* : il est comblé maintenant, et sur son emplacement s'élèvent les marches de l'autel dédié à Notre-Dame-sous-terre. A cette même époque l'église fut entièrement détruite.

Relevée sous l'empereur Constantin, elle fut saccagée de nouveau par Hasting, chef des Normands, au mois de juin 858. L'évêque saint Frobold et son clergé, avec une multitude de chrétiens qui s'étaient réfugiés dans le temple, tombèrent sous les coups de ces barbares. Une troisième basilique, la plus belle, la plus magnifique et la plus pompeuse du monde, dit Sablon, dans son *Histoire de l'église de Chartres*, page 13, fut réédifiée par les soins de l'évêque Gislebert; mais à peine achevée, elle fut désolée par un funeste embrasement causé par le feu du ciel, le 7 septembre 1020, sous le règne de Robert, et sous l'épiscopat de Fulbert.

Cet illustre évêque, une des gloires de l'église de Chartres, se mit aussitôt en œuvre pour relever sa cathédrale. Elle était déjà fort avancée lorsqu'il mourut le 10 avril 1029. Son successeur, Thierry, fit continuer les travaux avec la même activité, et fit la dédicace du nouveau temple le 17 octobre 1037. Précédemment le roi Henri Ier avait fait construire à ses frais le lambris ou *bardeau* des voûtes en bois de la cathédrale.

Saint Yves, évêque de Chartres, ne chercha qu'à embellir l'église bâtie par ses prédécesseurs : il y fit construire en

1099 un magnifique jubé à l'entrée du chœur. Il sollicita de sainte Mathilde, reine d'Angleterre, les fonds nécessaires pour recouvrir en plomb le toit déjà détérioré. La pieuse reine condescendit à son désir et donna également de fort belles cloches qui furent placées provisoirement sur un lieu élevé de l'église, car il n'existait pas encore de tours ni de clochers à cette époque.

Ce fut seulement en 1115 qu'on jeta les fondements des deux clochers si populaires en France et qui excitent encore aujourd'hui l'admiration de tous les visiteurs ; lorsqu'un quatrième incendie vint détruire, au mois de juin 1194, la vaste basilique de Fulbert et de Thierry, et ne respecta que les cryptes ou *grottes souterraines*, et les deux clochers qui étant construits hors œuvre ne tenaient à l'église que par un de leurs angles. Mélior, cardinal-légat du pape Célestin III, se trouvait à Chartres lors du sinistre. Il engagea les habitants à reconstruire leur

Église. Les générosités du clergé et des habitants de la province jointes à celles de Philippe-Auguste, de Louis VIII et de saint Louis prêtèrent une puissante assistance pour la reconstruction de la cathédrale. On travailla avec tant d'ardeur, que cet immense édifice fut presque entièrement achevé soixante-six ans après l'incendie de 1194. La cathédrale, d'après Souchet, fut consacrée, le 17 octobre 1260, par Pierre de Maincy, soixante-seizième évêque de Chartres. Le roi saint Louis y assistait, dit-on, avec toute la famille royale.

« La cathédrale de Chartres était à peu
« près complète lors de sa dédicace; ce-
« pendant la statuaire des deux porches la-
« téraux ne fut terminée que vers 1280;
« on y voit même quatre ou cinq statues
« du quatorzième siècle. Le Jubé ne fut
« construit que dans les dernières années
« du treizième siècle; la sacristie date de
« la même époque. Les trois pignons de
« la cathédrale appartiennent au commen-

« cement du quatorzième siècle. En 1349,
» le chapitre fit ériger, au chevet de l'É-
« glise, une grande chapelle dédiée à saint
« Piat, dont le corps sacré attirait alors
« une foule de pieux fidèles; et c'est avec
« leurs offrandes que l'on couvrit la dé-
« pense de cette construction. » C'était
dans les terrains attenant à cette chapelle,
appelés anciennement *cimetière Saint-
Jérôme*, que les membres du chapitre
avaient leur sépulture, jusqu'à la révolution de 1793, qui viola et dispersa leurs
ossements. «La chapelle de Vendôme, qui
« est pratiquée au côté méridional de la
« nef, a été ajoutée en 1413; ce fut Louis,
« comte de Vendôme, qui la fit construire,
« pour s'acquitter d'un vœu à la sainte
« Vierge. Le commencement du seizième
« siècle vit s'élever la belle flèche du *clo-
« cher neuf*, et la clôture du chœur, si
« admirée des étrangers [1]. »

[1] M. l'abbé Bulteau, *Description de la Cathédrale de Chartres*, page 21.

Le commencement du dix-huitième siècle vit abattre le magnifique jubé. La révolution de 1793 ne respecta pas la cathédrale : les vases sacrés, le trésor, le plus riche de France, furent violés et saccagés, les autels furent brisés, et la statue Druidique de la Mère de Dieu fut ignominieusement brûlée devant la porte royale : les cloches et la toiture en plomb furent enlevées et fondues, et pendant deux années la charpente et les voûtes restèrent exposées aux injures du temps.

La cathédrale eut encore à subir quelques désastres depuis 1194. En 1506 ; la foudre incendia la flèche du clocher neuf, qui était construite en bois et couverte en plomb ; les six cloches qu'elle renfermait furent fondues par la violence du feu. Presque immédiatement la flèche fut reconstruite en pierre tendre de Saint-Leu, par Jehan Texier, dit *Jehan de Beauce.*

Le 15 novembre 1674, le feu, par l'imprudence d'un guetteur, s'attaqua à la charpente du beffroi dans le clocher neuf ;

mais de prompts secours vinrent éteindre l'incendie à son début.

Le clocher a été frappé cinq fois par le feu du ciel qui n'y causa aucun dégât. Depuis 1825, des paratonnerres y ont été posés par M. Billiaux de Paris.

Enfin le 4 juin 1836, un incendie, qui dura onze heures, consuma la charpente de la cathédrale. M. Sauzet, alors ministre des cultes, obtint des Chambres, le 11 juin de la même année, un crédit de 400,000 francs, qui fut bientôt augmenté jusqu'au chiffre *d'un million cent quatre-vingt-cinq mille vingt-huit* francs (1,185,028 francs). C'est à ces secours que l'on doit la charpente en fer que l'on admire aujourd'hui et qui est la plus belle de celles qui existent actuellement en Europe.

§ 2. La cathédrale telle qu'on la voit aujourd'hui.

L'auteur du *Symbolisme dans les Églises* dit, qu'au moyen âge on orientait toujours les églises en tournant l'abside vers le point du ciel où le soleil se levait le jour de la fête du saint patron. On a dû tourner l'abside de la cathédrale de Chartres vers l'Est-Nord, point de l'horizon où le soleil se lève le 24 juin, fête de saint Jean-Baptiste, le second patron de la cathédrale.

L'église a la forme d'une croix latine : elle offre sur la largeur une nef centrale et des bas-côtés à droite et à gauche; autour du chœur et du sanctuaire, les bas-côtés sont doubles. Sur la longueur, elle a un porche à trois baies, s'ouvrant à l'ouest, une nef centrale de sept travées, un vaste transept, un chœur de quatre travées et un sanctuaire en rond-point. Au chevet, on compte sept chapelles : c'est le nombre mystique par excellence du moyen âge. Deux clochers élancés flanquent la façade occidentale. Aux deux extrémités du transept il y a un porche en saillie et à trois baies; chaque porche est flanqué de deux tours carrées. Deux autres tours semblables sont élevées de chaque côté de la cathédrale, à la courbure de l'abside. Une crypte immense s'étend dans toute la longueur des bas-côtés et sous les chapelles absidales.

Voilà pour le plan général, qui est d'une régularité remarquable ; et voici les principales dimensions de l'église dont nous ne donnons que quelques-unes.

	mètr.	cent.
Longueur hors œuvre, y compris la chapelle Saint-Piat	154	60
Longueur dans œuvre	130	86
Longueur de la nef, jusqu'à la grille du chœur	73	47
Longueur du chœur, jusqu'au fond du trésor	38	34
Hauteur de la voûte de la nef centrale, prise à la porte royale	37	25
Hauteur de la nef centrale, prise au centre du trancept	36	55
Hauteur de la voûte des nefs latérales	13	85

Pour la hauteur des clochers, elle est

la première des cathédrales de France, après celle de Strasbourg, dont la tour s'élève à 142 mètres 10 centimètres au-dessus du sol. La coupole de Saint-Pierre de Rome compte 132 mètres de hauteur seulement. Pour plus de détails, voir la *Description de la Cathédrale de Chartres*, par M. l'abbé Bulteau, dont les renseignements sont d'une scrupuleuse exactitude.

§ 3. Quatre curiosités.

Nous ne finirons pas la description de la cathédrale sans dire un mot de quatre curiosités qui intéresseront sans doute les pèlerins à Notre-Dame-de-Chartres.

1. L'ANGE DE LA MORT. — L'ANE QUI VIELLE. — LA TRUIE QUI FILE.

Je veux parler d'abord de trois statues qui ornent la base du vieux clocher sur la face méridionale. La première représente un ange, aux ailes déployées, et tenant un cadran solaire ; on l'appelle vulgairement l'*Ange de la Mort*.

On remarquera adossée au contre-fort voisin la statue fort connue à Chartres sous le nom d'*Âne qui vielle*. C'est un âne appuyé sur ses pieds postérieurs et qu pince d'une espèce de harpe à sept cordes, suspendue à son cou par une courroie.

La troisième statue, dont la tête et les membres antérieurs n'existent plus, et qui s'appelle vulgairement la *Truie qui file*, n'est cependant pas une truie, mais un verrat. L'animal semblait porter en effet une quenouille, sa patte droite tenir le fil, et la patte gauche tourner le fuseau. Mais il est difficile maintenant d'apprécier l'exactitude de ces détails.

« Que l'on ne s'imagine pas, dirons-
« nous avec M. l'abbé Bulteau, que les
« artistes prédicateurs du douzième siècle
« voulussent faire une mauvaise plaisan-
« terie en plaçant de pareils sujets sur
« un temple catholique. Sous ces animaux

« ridicules, ils cachaient une leçon de
« morale pour le peuple. » D'ailleurs ces
sculptures épigrammatiques si singulières désignent presque toujours des hérétiques connus.

2. L'ANGE GARDIEN.

Nous remarquerons en second lieu un Ange-girouette, appelé communément *Ange Gardien*, et qui, placé au sommet du rond-point de la cathédrale, semble indiquer, de la main droite, le côté d'où souffle le vent. Il est debout, les aîles déployées, et tient dans sa main gauche une croix à longue branche. Dans les quatre niches du piédestal sont placés les quatre évangélistes avec leurs animaux symboliques : saint Matthieu regarde l'orient; saint Luc, le nord; saint Jean, l'occident; saint Marc, le sud. Cet Ange-girouette, qui a remplacé, en 1840, un autre ange posé au quatorzième siècle, et détruit par l'incendie de 1836, a coûté 12,230 francs.

« Cet emblème religieux, dit M. Le-
« jeune, en indiquant, à tous les instants
« du jour, le point d'où le vent souffle,
« semble annoncer en même temps qu'il
« n'existe sur la terre aucune contrée qui
« ne soit inaccessible au salut du monde,
« que l'image du Christ, placé en avant
« sur la pointe du pignon de la porte
« royale, enseigne aux peuples la terre. »

3. LE LABYRINTHE DE LA LIEUE.

Avant de quitter la cathédrale, rentrons un instant dans son enceinte, pour y visiter encore deux curiosités.

D'abord au milieu de la nef, entre la chaire et le banc-de-l'œuvre, on voit sur le sol un *Labyrinthe* que les Chartrains nomment la *Lieue*, parce qu'il a, disent-ils, une lieue de développement. Il est composé de onze bandes de pierre blanche, séparées par une bande de pierre bleue. On y entre par le côté occidental.

« Ces labyrinthes, autrefois très-com-
« muns dans les cathédrales, dit M. Po-
« tier, et qui aujourd'hui ont presque tous
« disparus, étaient un emblème pieux qui
« rappelait aux fidèles le pèlerinage de Jé-
« rusalem. Des indulgences étaient attri-
« buées à ceux qui parcouraient dévote-
« ment les détours de ces dédales qu'on
« appelait vulgairement *la Lieue*. Le laby-
« rinthe de Chartres, qui subsiste encore a
« 768 pieds. »

4. LE CHOEUR ET LE SANCTUAIRE.

Nous croirions n'avoir point achevé la description de la cathédrale, si rapide que nous voulussions la faire, si nous ne disions pas un mot du chœur et du sanctuaire.

A l'entrée du chœur, en place du magnifique jubé élevé par saint Yves, nous avons aujourd'hui deux groupes en pierre de Tonnerre. A gauche est représenté le baptême de Jésus-Christ par saint Jean. De chaque côté de ce tableau il y a une statue colossale : celle de droite représente l'*Espérance* ; celle de gauche figure la *Charité*. L'Annonciation forme l'autre groupe. A côté on voit la *Foi*, et de l'autre l'*Humilité* foulant aux pieds une couronne. Cette œuvre, qui a coûté 12,000 francs, est signée P. Berruer, 1769.

Le chœur est fermé par une grille de fer exécutée par Joseph Pérez, serrurier à Paris, et qui a coûté 23,000 francs. Louis Prieur, maître ciseleur et doreur à Paris, en fit les ornements d'après les dessins de l'architecte Louis.

La clôture du chœur fut commencée en 1514 par Jehan de Beauce. A la mort de ce dernier, arrivée le 28 décembre 1529, le mur était à peu près achevé. Mais les groupes ne furent terminés complètement que deux siècles plus tard. On doit quelques groupes à J. Boudin, sculpteur d'Orléans, qui travaillait en 1611 et 1612 ;

deux autres à Dieu et Legros, sculpteurs de Chartres en 1681. Les onze autres ne remontent pas au-delà des premières années du dix-huitième siècle. Les premiers groupes à droite et à gauche sont de Jehan de Beauce.

Nous allons simplement indiquer les 40 groupes historiés qui ornent la clôture du chœur. Pour suivre l'ordre chronologique, il faut commencer à droite, près du transept méridional.

I. L'Apparition de l'Ange à Joachim.
II. L'Apparition de l'Ange à sainte Anne.
III. Rencontre de Joachim et d'Anne.
IV. Nativité de Marie.
V. La Présentation de Marie.
VI. Le Mariage de Marie avec saint Joseph.
VII. L'Annonciation.
VIII. La Visitation.

IX.	Joseph est tiré de son doute.
X.	La Naissance de Jésus.
XI.	La Circoncision.
XII.	L'Adoration des Mages.
XIII.	La Purification.
XIV.	Le Massacre des Innocents.
XV.	Le Baptême de Jésus.
XVI.	La Triple Tentation.
XVII.	La Chananéenne.
XVIII.	La Transfiguration.
XIX.	La Femme adultère.
XX.	La Guérison de l'Aveugle-né.
XXI.	Entrée de Jésus à Jérusalem, ou Fête des Palmes.
XXII.	L'Agonie de Jésus.
XXIII.	La Trahison de Judas.
XXIV.	Jésus devant Pilate.
XXV.	La Flagellation.
XXVI.	Le Couronnement d'épines.
XXVII.	La Crucifixion.
XXVIII.	La Descente de Croix.
XXIX.	La Résurrection.
XXX.	L'Apparition aux saintes femmes.

XXXI.	Jésus et les Disciples d'Emmaüs.
XXXII.	Jésus et Thomas.
XXXIII.	L'Apparition de Jésus à sa Très-Sainte Mère.
XXXIV.	L'Ascension.
XXXV.	La Pentecôte.
XXXVI.	Marie en adoration devant la Croix.
XXXVII.	La Mort de la Très-Sainte Vierge.
XXXVIII.	Le Convoi de la Très-Sainte Vierge.
XXXIX.	Le Sépulcre de Notre-Dame.
XXXX.	Le Couronnement de Notre-Dame.

Pénétrons maintenant dans l'intérieur du chœur pour en admirer la richesse.

Le chœur de la cathédrale de Chartres est le plus vaste qu'il y ait en France : il compte 38 mètres 34 centimètres de longueur sur plus de 16 mètres de largeur. Son dallage actuel est fait avec des carrés de marbre blanc et noir disposés en échiquier. Les trois marches circulaires qui montent au sanctuaire sont en marbre du Languedoc.

Le pavé du sanctuaire est un dallage composé de cinq sortes de marbres : bleu-turquin, blanc de carrare, Malplaquet, Languedoc rouge et brèche d'Alep.

Les trois marches de l'autel sont aussi en Languedoc.

L'autel est également en marbre : il a la forme d'un tombeau, pour figurer le sépulcre d'où la Très-Sainte Vierge s'élance vers les cieux. Il est décoré de divers ornements en bronze doré, entre autres du chiffre de Marie, accompagné de branches de lis et de roses ; cet autel fut solennellement consacré le 7 août 1773. Sur le milieu de l'autel se voit le tabernacle surmonté de la croix en bronze doré, et posée sur un socle en marbre griotte d'Italie. De chaque côté de l'autel il y a trois gradins en marbre blanc veiné ; les deux faces intérieures de ces gradins sont ornées d'une cassolette suspendue par des chaînes et jetant des fumées *qui représentent les parfums qui brûlent aux deux côtés de l'autel*. Sur les gradins sont placés les six chandeliers en bronze doré, hauts de 5 pieds et 1 pouce, sans compter la flèche, et dus au ciseau de Louis Prieur, ciseleur et doreur à Paris : ils ont coûté 22,000 fr. Les deux lampadaires que l'on voit à l'entrée du sanctuaire sont aussi de Louis Prieur. L'*aigle* en bronze doré que le visiteur remarquera au milieu du chœur est l'œuvre de Pierre Christophe de la Macque, maître fondeur à Paris. en 1726 : il a 2 mètres 40 centimètres de hauteur[1].

Autrefois M. de Thou, évêque de Chartres, avait fait don à son église de riches tapisseries qui décoraient l'intérieur du chœur. Maintenant elles sont remplacées par huit tableaux de marbre blanc sculp-

[1] Extrait de la *Description de la Cathédrale de Chartres*.

tés en relief par Charles-Antoine Bridau, sculpteur du roi, qui travaillait vers 1773. Ils sont placés quatre par quatre de chaque côté du chœur.

Plaçons-nous à l'entrée principale. A gauche, nous verrons :

1° *Le signe donné à Achaz.* Le prophète Isaïe dit au roi Achaz : *Le Seigneur vous donnera un signe ; voici une Vierge qui concevra et enfantera un fils qui sera appelé Emmanuel* ;

2° L'Adoration des Bergers de Bethléem ;

3° La Purification ;

4° Le Concile d'Éphèse, où l'on proclama la maternité divine de Marie.

Retournons maintenant à notre point de départ. A droite, nous avons :

1° L'Immaculée Conception ;

2° L'Adoration des Mages ;

3° Mater Dolorosa ;

4° Le Vœu de Louis XIII, consacrant son royaume à la Très-Sainte Vierge.

Les 117 stalles du chœur, qui donnent

au premier coup d'œil une idée grandiose de sa vaste étendue, ont été exécutées par Lemarchant en 1788.

Avant d'abandonner le chœur, il nous reste à admirer le célèbre groupe de l'*Assomption*. Ce groupe, haut d'environ 17 pieds sur environ 12 de large, est en marbre blanc de Carrare, et a été exécuté par le célèbre Bridan. Il est composé de quatre figures de 8 pieds de proportion et représente la Sainte Vierge, qui s'élève aux cieux, soutenue par trois anges : plusieurs têtes charmantes de Chérubins sont répandues çà et là pour animer ce tableau grandiose.

Il fut inauguré le jour de Pâques 1773. Bridan reçut pour son travail 30,000 francs, prix convenu, et de plus une pension viagère de 1,000 francs réversible sur sa femme.

La tradition populaire rapporte qu'en 1793, les révolutionnaires voulurent assouvir leur haine furieuse contre cette œuvre d'art. L'un de ces forcenés leva sur la statue de la Mère de Dieu une lance sacrilége dont le fer se planta dans le marbre sans qu'il lui fut possible de l'en retirer : on en voit encore la trace. Et si le groupe entier put échapper à leur vandalisme, c'est grâce à la ruse de l'un des vicaires de la cathédrale qui, plaçant un bonnet phrygien sur la tête auguste de la Vierge, sembla la transformer en une déesse de la liberté.

En terminant ce qui regarde la cathédrale elle-même, nous aurions bien quelques mots à dire sur ses splendides vitraux, mais l'exiguité de notre volume nous l'interdit. Il nous reste maintenant à traiter des objets mêmes de la dévotion des pèlerins. Puissions-nous les décrire de telle sorte que ceux qui ne les connaissent pas encore brûlent du désir de les visiter, mu par le sentiment de profonde piété qui animait nos pères, et que ceux qui sont déjà pour ainsi dire familiarisés avec leur présence redoublent, après avoir lu ces pages d'amour envers la Sainte Mère de Dieu, qui a manifesté d'une manière si sensible, les effets de sa miséricordieuse protection dans cet auguste sanctuaire.

Avant de commencer le chapitre suivant, qu'on nous permette une dernière phrase dont plus tard on nous reprocherait l'omission : je veux parler de l'*ascension aux clochers*. Guidé par le concierge des clochers, le visiteur pourra contempler à loisir l'admirable et solide structure des escaliers qui conduisent jusqu'au faîte de la cathédrale et même jusqu'au sommet des deux flèches. Il jouira aux différents étages d'une vue qui devient plus étendue et plus grandiose à mesure qu'on s'élève davantage. Parvenu jusqu'au *timbre*, d'où les heures descendent avec une majestueuse lenteur sur la cité, il gravira, si le cœur lui en dit, l'*échelle de fer* qui le mènera jusqu'à la croix qui couronne le sublime édifice.

CHAPITRE III.

LA VIERGE NOIRE DU PILIER.

Parlons d'abord de la *Vierge Noire du Pilier*, qui la première apparaît aux regards du visiteur, car elle se trouve dans la cathédrale à côté de la porte de la sacristie. Elle ne fut placée dans cet endroit qu'en 1806, par l'abbé Maillard, alors curé de la cathédrale. La colonne sur laquelle elle repose n'est plus celle que baisaient avec tant d'amour les anciens pèlerins, et qui fut brisée en 1793; c'est une des dix anciennes colonnes de l'ancien jubé.

Disons un mot de l'ancienne Madone *du Pilier*, qui pourtant est la plus moderne des statues de Marie vénérées dans la cathédrale, puisqu'elle ne date que de 1497. Elle fut d'abord placée sur le jubé, aux pieds du crucifix qui le surmontait. Mais en 1520, le chanoine Vastin des Fugerais, président de l'œuvre, la fit poser sur une colonne en pierre de liais sous une des arcades du même jubé, à gauche de la porte principale du chœur.

Le jubé ayant été détruit en 1763, la Vierge Noire fut adossée au pilier du transept qui lui faisait face, jusqu'au mois de juillet 1791, époque où l'évêque constitutionnel Bonnet la relégua sans honneur dans la crypte.

Les chanoines, dans toutes les processions où le Saint-Sacrement n'était pas porté, faisaient une station devant la Vierge Noire, qu'ils appelaient pour cette raison leur *Vierge Stationale.* Ils avaient établi également le pieux usage de l'encenser à *Magnificat* et à *Benedictus*, ce qui se pratique encore aujourd'hui.

Le Tour de Ville.

On ne lira pas sans intérêt le récit d'une antique coutume, qui prouve d'une manière péremptoire toute l'ardeur de la foi et de la piété que nos pères avaient pour la Vierge Noire.

Les magistrats de la ville de Chartres, dès la pose de la Madone, firent brûler devant elle un cierge de cire jaune, dont la longueur égalait, dit-on, l'enceinte muraillée de la ville, et qu'on appelait à cet effet la *Chandelle du Tour*, le *Tour de Cire*, le *Tour de Ville*. Il pesait quelquefois plus de douze cents livres et était roulé sur un cylindre en bois. La présentation du *Tour de Ville* se faisait chaque année en grande cérémonie : c'était ordinairement le maire qui allumait le premier cierge détaché du Tour, et il cédait cet honneur aux princes ou autres personnages de distinction qui se trouvaient à Chartres à ce moment. On l'offrait assez souvent le

17 octobre, fête de la dédicace de la cathédrale, ou à la fête de Noël; mais depuis 1568, cette cérémonie fut fixée au 15 mars, jour de la fête de Notre-Dame-de-la Brêche.

Description de la Vierge Noire.

Nous empruntons cette description au *Manuel du pèlerin à Notre-Dame de Chartres*.

Cette sainte Image est peinte et dorée; on ne peut en voir que le visage, parce qu'elle est couverte d'un riche vêtement brodé en or, dû à la munificence de M. Olier : sans ce vêtement, elle serait plus vénérable encore. Marie est assise sur un trône fort simple; elle est figurée dans toute la grâce de la jeunesse; son visage noir brun offre l'expression de la bonté et de la candeur; ses cheveux sont dorés; un petit voile jaune couvre le haut de sa noble tête; sa main droite tient une poire, et sa gauche soutient son enfant assis sur ses genoux. Son vêtement consiste en une tunique, une robe et un manteau royal : la tunique d'azur et d'or ne montre que ses manches étroites; la robe est d'or fleuronné d'écarlate, bordée d'azur et doublée de noir; cette robe est retenue par une ceinture rouge pourpre; le manteau jeté sur les épaules revient gracieusement se replier sur les genoux, et trouve pour attache, au milieu de la poitrine, une belle agrafe losangée; il est d'azur parsemé de fleurs d'or et porte une inscription trois fois répétée, sans doute pour indiquer que chaque personne de l'auguste Trinité adresse ces paroles à la bienheureuse Vierge : *Tota pulchra es, amica mea, et macula non est in te.*— Vous êtes toute belle, ô ma bien-aimée, et il n'y a pas de tache en vous. — Jésus, qui est assis sur les genoux de sa tendre mère, bénit de la main droite, et sa gauche s'appuie sur le globe terrestre; sa tête est nue; son visage est gracieux et plein d'une intelligence divine; il est vêtu d'une tunique d'or, bordée de rouge et doublée de vert. La sculpture et la peinture de cette belle statue sont irréprochables. La sainte Image est entourée d'une délicieuse boiserie gothique aux sveltes clochetons, aux découpures élégantes, exécutée par M. Bravet en 1831. C'est là, c'est aux pieds de cette sainte colonne, témoin de tant de confidences intimes, arrosée de tant de larmes, couverte de tant de baisers, que le cœur du pèlerin aime à s'épancher, et à jurer à la Vierge Noire, si bonne et si puissante, un éternel amour; car c'est là que tout mal trouve son remède, toute douleur sa consolation.

Couronnement de la Vierge Noire.

Enfin, pour terminer ce chapitre, nous dirons que la miraculeuse statue de la Vierge Noire a été solennellement couronnée par Mgr Regnault, évêque actuel de Chartres, au nom de sa sainteté le pape Pie IX, le 31 mai 1855. Sa Grandeur était assistée d'un grand nombre d'évêques français et étrangers, et entourée d'un concours innombrable de pieux fidèles accourus de tous les points du monde catholique. Les couronnes déposées sur la tête auguste de l'Enfant Jésus et de la Vierge Noire sont en or et enrichies de pierres précieuses. On n'en fait l'exhibition qu'aux jours des grandes solennités. Depuis l'époque du couronnement de la Vierge Noire, tous les ans le 31 Mai voit affluer à Chartres, un nombre considérable de pèlerins jaloux d'assister aux fêtes splendides qui se célèbrent à ce béni sanctuaire, et surtout à la procession commémorative de ce grand événement.

CHAPITRE IV.

LA CRYPTE DE NOTRE-DAME-SOUS-TERRE.

« La crypte chartraine est la plus vaste
« et la plus remarquable qui existe en
« France : elle s'étend sous toutes les par-
« ties des bas-côtés et des chapelles ; elle
« compte 110 mètres de longueur totale,
« ou 200 mètres de circuit, sur une lar-
« geur de 5 ou 6 mètres. Elle est bâtie en
« moyen appareil et blocage, avec une so-
« lidité qui peut encore affronter bien des
« siècles. La voûte est formée de voûtes
« partielles à plein cintre, divisées par
« carrés de 5 à 6 mètres de côté ; les ar-
« ceaux se croisent et vont retomber, avec

« les arcs-doubleaux, sur des pilastres fort
« larges et fort simples. Les trois cha-
« pelles absidales, qui datent du onzième
« siècle, ont des voûtes en berceau. Les
« fenêtres sont étroites et en plein cintre.
« Les portes sont d'une grande simplicité;
« une seule, qui date du douzième siècle,
« est décorée de colonnes et d'archivoltes;
« c'est celle qui se trouve au midi, près
« de la maîtrise [1]. »

La crypte, nous l'avons déjà dit, ne fut pas respectée par la révolution en 1793 : les murs seuls demeurèrent intacts. Ce lieu si saint et si vénérable resta dans cet état de dégradation jusqu'au 14 mars 1855 où Mgr Regnault, évêque actuel de Chartres, résolut de rendre à la Mère de Dieu son antique église souterraine. Le 30 mai de la même année, la veille du couronnement de la Vierge Noire du Pilier, la chapelle de Notre-Dame-sous-Terre avait

---

[1] *Description de la Cathédrale de Chartres*, page 270.

été ouverte à la piété des fidèles, et l'autel du nouveau sanctuaire consacré solennellement pour l'immolation de l'Auguste victime.

Le sanctuaire de la Sainte Vierge reçut peu de temps après une décoration aussi religieuse que savante de riches peintures que les connaisseurs ne se lassent point d'admirer; un autel fut placé dans la chapelle des saints Savinien et Potentien; une grille d'un travail prodigieux ferma cette double enceinte; enfin, le 15 septembre 1857, une nouvelle statue de Notre-Dame-sous-Terre, bénite huit jours auparavant dans l'église supérieure, le jour même de la Nativité de la Sainte Vierge, venait remplir la place restée si tristement vide depuis plus d'un demi-siècle, et Marie reprenait ainsi possession de sa demeure privilégiée. Mais jusque-là il n'y avait que le sanctuaire de Notre-Dame-sous-Terre de réparé : le 17 octobre 1860, anniversaire six fois séculaire de la dédicace de la cathédrale, on rendit au culte la totalité de la crypte, et l'on consacra avec une pompe sans égale les onze autre sautels élevés à l'honneur des saints dont les noms suivent : 1° de Notre-Dame-sous-Terre; 2° des saints Savinien et Potentien, premiers apôtres du pays Chartrain, ayant été consacrés auparavant); 3° de la Véronique; 4° de saint Joseph; 5° de saint Fulbert; 6° de saint Jean-Baptiste; 7° de saint Yves; 8° de sainte Anne; 9° de sainte Madeleine; 10° de saint Martin, où sont conservés les restes du jubé; 11° de saint Clément et saint Denis; 12° de saint Nicolas; 13° de saint Lubin, au lieu dit le *Martyrium*, à une profondeur de 4 à 5 mètres au-dessous de la crypte; on y voit les constructions romaines et la base d'une colonne du dixième siècle.

Les débris du célèbre jubé, qui fut démoli en 1763, sont dans la chapelle de Saint-Martin, où les visiteurs peuvent désormais venir les admirer.

Le monument gallo-romain qui se trouvait caché dans une des chapelles les plus obscures, est placé maintenant près de la porte principale du côté du midi, à l'intérieur de la crypte.

Enfin, le tombeau de saint Calétric, ce précieux monument découvert au siècle dernier dans la chapelle de Saint-Nicolas, à l'endroit où s'élève aujourd'hui la grille de l'évêché, est placé dans la chapelle de Saint-Nicolas dans la crypte. Seulement on y voit une inscription qui fait connaître que ce tombeau n'y a été introduit que depuis peu, à titre de relique, et qui rappelle qu'*il n'y eut jamais de sépulture dans la sainte église de Chartres.*

Statue de Notre-Dame-sous-Terre.

Disons maintenant un mot de la statue de Notre-Dame-sous-Terre vénérée depuis tant de siècles dans cet auguste sanctuaire.

Il paraît certain que la Vierge Druidique bénite par saint Savinien et saint Potentien fut anéantie lors du terrible incendie du 7 septembre 1020, sous Fulbert. Car celle qui fut brûlée devant la porte royale en 1793 paraissait ne remonter qu'à la fin de l'année 1022.

Pintard l'a décrite très-exactement : voici ce qu'il en dit : « Dans la cha-
« pelle spécialement érigée en son hon-
« neur, la vénérable image qui s'y voit
« élevée dans une niche au-dessus de l'au-
« tel, est faite de bois qui paraist estre du
« poirier que le long temps a rendu de
« couleur enfumée. La Vierge est dans
« une chaise, tenant son Fils assis sur ses
« genoux, qui, de la main droite, donne
« la bénédiction, et de la gauche porte le
« globe du monde. Il a la tête nue et les
« cheveux fort courts. La robe qui lui
« couvre le corps est toute close et replis-
« sée par la ceinture ; son visage, ses
« mains et ses pieds qui sont découverts,
« sont de couleur d'ébeine grise luisante.
« La Vierge est revestue, par-dessus sa
« robe, d'un manteau à l'antique, en
« forme de dalmatique (chasuble), qui, se

« retroussant sur les bras, semble arron-
« die par le devant sur les genoux jus-
« qu'où elle descend; le voile qui lui
« couvre la teste porte sur ses deux épaules,
« d'où il se rejette sur le dos. Son visage
« est extrêmement bien fait et bien pro-
« portionné, en ovale, de couleur noire
« luysante; sa couronne est toute simple,
« garnie par le hault de fleurons en forme
« de feuilles d'ache; la chaise est à quatre
« piliers, dont les deux de derrière ont
« 23 pouces de haulteur, sur un pied de
« largeur, comprise la chaise; elle est
« creuse par le derrière, comme si c'était
« une écorce d'arbre, de 3 pouces d'épais-
« seur, travaillée en sculpture. La statue
« a 28 pouces et 9 lignes de haulteur. »
La statue actuelle, que Mgr Regnault vient
de faire replacer sur son autel, a été faite
en tout semblable à celle que le grand
Fulbert avait érigée de son temps. Nous
ne doutons pas que celle-ci ne continue
à être comme celle qui l'a précédée la
statue des miracles par excellence.

Pieux pèlerins qui visitez ce lieu béni, recueillez-vous et priez, car c'est là[1], c'est dans cette grotte, dont le rétablissement a fait battre tant de cœurs chrétiens, que fut exposée pendant tant de siècles, la Vierge des druides, appelée depuis la *Vierge aux Miracles*; c'est là qu'eut lieu, par les ordres du gouverneur Quirinus, le massacre d'une foule de martyrs, qu'on a surnommés les Saints Forts; c'est là que le roi Priscus, n'ayant point d'enfants, fit héritière et suzeraine de sa seigneurie de Chartres, celle qui, à dater de ce jour, ne porta plus que le nom de Notre-Dame; c'est là que le grand Fulbert, en reconnaissance de la guérison d'un mal affreux qui le consumait, résolut de célébrer chaque année la fête de la Nativité de la Sainte Vierge, avec une pompe inconnue jusqu'alors; c'est là que plus tard le vénérable M. Olier, fondateur de la congrégation de Saint-Sulpice, vint déposer les

[1] *Journal de Chartres*. Numéro du 4 mars 1855.

clefs de son premier séminaire, et offrir tous ses enfants à Marie dans ce sanctuaire qu'ils aiment tant à visiter ; c'est là que vinrent s'agenouiller tour à tour, et Philippe Ier, roi de France, que saint Yves venait de sacrer dans l'église haute, et le pape Innocent II, et saint Bernard, et saint Louis au retour de la terre sainte, et Henri IV, qui, après avoir reçu l'onction royale dans notre célèbre basilique, voulut descendre au pied de cet autel vénéré, pour proclamer solennellement que c'était à la Vierge de Chartres, plutôt qu'à son épée, qu'il devait son royaume. Enfin, c'est là qu'Anne d'Autriche obtint d'avoir un fils qui devait s'appeler Louis le Grand, que Louis XIII reçut cette inspiration sublime de vouer à la Reine des cieux son trône et sa personne, et que l'Impératrice Eugénie, notre gracieuse souveraine, obtint l'heureuse naissance du Prince Impérial. C'est là aussi que se passa le fait légendaire si connu de l'Enfant de chœur de Notre-Dame de Chartres.

En 1130, la maladie qu'on appelait *le feu sacré* ou le *mal des ardents*, dévorait alors la France : La plupart des malades qui recoururent à Notre-Dame-sous-Terre, furent miraculeusement guéris, ce qui rendit cette Madone plus célèbre que jamais et lui attira une foule innombrable de malades et de pèlerins de toute condition, et les innombrables *ex voto*, qui décoraient les parois de la sainte grotte, parlaient assez éloquemment des guérisons obtenues par l'intercession de la douce Vierge.

Nous lisons dans les registres capitulaires de 1338 que les offrandes des pèlerins à Notre-Dame-sous-Terre, produisirent aux jours de la Saint-Martin d'hiver, de Saint-André et Sainte-Luce une somme de 2,352 francs : ce qui prouve quelle devait être la multitude de ceux qui fréquentaient alors ce vénérable sanctuaire.

Cette sainte *grotte* était richement dotée par la généreuse piété des rois et des princes qui se plaisaient à la visiter. « Elle est

« riche et ornée autant que chapelle au
« monde, disait Sablon en 1697. Toutes
« ses murailles sont revêtues de marbre,
« et son balustre est de même matière;
« ce n'est que jaspe et peinture à l'entour
« de l'autel, et le lieu où le peuple se
« met pour prier la sainte Vierge est orné
« de belles peintures qui couvrent haut
« et bas toutes les murailles et même la
« voûte. »

Douze lampes, dont deux étaient d'or pur, brûlaient constamment devant l'image de Notre-Dame-sous-Terre. Et dans *la Parthénie*, 2ᵉ partie, fol. 35, nous voyons que la cathédrale, ayant seule échappé à l'incendie qui en 1134 détruisit presque toute la ville de Chartres, l'évêque Geoffroy, pour remercier la Très-Sainte Vierge de cette conservation, voulut *que deux cierges brûlassent jour et nuit, devant l'autel de la Vierge-sous-Terre.*

Vœu des Hurons et des Abnakis.

Les Hurons et les Abnakis, tribus sauvages du Canada, adressèrent leurs vœux à Notre-Dame de Chartres : les Hurons, en juin 1674, et les Abnakis, en octobre 1684. Ils firent don à Notre-Dame de deux colliers de coquillages marins connus sous des noms différents : Vignols, escargots de mer, *concha venerea*. En faisant hommage de ces colliers à Notre-Dame de Chartres, ces tribus entendaient-elles se constituer *esclaves*, comme disaient les Hurons? Le savant M. Shea ne le croit pas. « Ils n'a-
« vaient pas, nous dit-il, l'idée d'escla-
« vage, mais le collier était leur *parole*;
« à chaque proposition de traité, on don-
« nait un collier. Sans cela, on n'y prenait
« pas attention, tout était considéré comme
« pur compliment. » Ainsi, le don d'un collier, c'était la dernière formule du con-

trat, c'était le sceau du traité, le *vinculum juris* des parties contractantes. Ces colliers, ayant la forme d'une ceinture, sont exposés dans la crypte, en face l'autel des saints Savinien et Potentien.

CHAPITRE V.

LA SAINTE CHÂSSE.

Derrière le groupe de l'Assomption, dans le mur de la clôture du chœur, est pratiquée une grande armoire, avec une porte en bois peint et doré : c'est là qu'est renfermé ce qui reste du trésor de la cathédrale de Chartres. Il ne possède plus que la *Sainte Châsse,* que nous allons décrire avec quelques détails, bien persuadé que nous ferons ainsi plaisir à nos lecteurs.

La Sainte Châsse actuelle.

C'est un coffret recouvert par un baldaquin gothique en bronze doré, qui a été fait en 1822, au moyen des offrandes de son éminence le cardinal Latil, alors évêque de Chartres, et des fidèles du diocèse. « Il forme, dit le procès-verbal, dressé « par ordre du même prélat, un monu- « ment gothique, soutenu par huit pilas- « tres surmontés d'ogives en bronze doré, « et enrichi de médaillons peints sur émail « représentant les douze apôtres; au-dessus « des ogives règne une galerie formant « un pourtour de pierres bleues et rouges, « au milieu duquel s'élève une tour car- « rée à jour, surmontée d'une flèche ou « petit clocher terminé par une croix; le- « dit clocher est décoré sur ses côtés de « quatre grosses topazes, et garni dans « son pourtour de pierreries semblables à « celles de la susdite galerie. Deux ins- « criptions en latin… sont gravées sur les « deux faces latérales inférieures de ladite « tour, dans l'intérieur de laquelle est pla- « cée une image de la Très-Sainte Vierge « en argent doré. Ladite Châsse, longue à

« sa base de 19 pouces sur environ 12 de
« largeur, porte 3 pieds de hauteur, de-
« depuis son socle ou sa base jusqu'à la
« croix placée sur le clocher ; dans l'inté-
« rieur, à la hauteur des ogives, elle est
« revêtue de verres bleus. » Le coffret,
exécutée par M. Cahier, orfèvre à Paris, et
donné par feue Mlle de Byss, bienfaitrice
de la cathédrale, est aussi en bronze doré,
enrichi de filigranes, d'émaux et de ca-
bochons, et porte sur son couvercle deux
cœurs en or unis ensemble. Il renferme
la précieuse relique dont l'église de Chartres s'enorgueillit à si juste titre, et que
nous allons faire connaître en transcri-
vant le procès-verbal de la dernière trans-
lation, faite le 1er août 1849.

« Claude-Hippolyte Clausels de Montals,
« par la miséricorde divine et l'autorité
« du Saint-Siége apostolique, évêque de
« Chartres, savoir faisons que la commis-
« sion par nous instituée, le 9 juillet der-
« nier, a fait l'ouverture du coffret ren-
« fermant le précieux vêtement appelé

« *Tunique* et plus tard *Chemise* de la bien-
« heureuse Vierge Marie, mère de Dieu,
« et qu'elle a trouvé cette sainte Relique
« dans un état de conservation très-satis-
« faisant ; elle se compose de deux mor-
« ceaux de la même étoffe de soie blanche
« écrue, dont l'un est long de deux mètres
« douze centimètres, sur quarante centi-
« tres de largeur ; et l'autre, long de 25
« centimètres sur 24 de largeur. A cette
« tunique de la bienheureuse Mère de
« Dieu, telle qu'elle est décrite dans les
« procès-verbaux de nos prédécesseurs,
« Mgr Charles-François de Mérinville, du
« 13 mars 1712, et de Mgr. J.-B. Joseph de
« Lubersac, du 8 mars 1820, se trouve joint
« un voile d'une étoffe plus légère et plus
« claire, qui est désigné dans les procès-
« verbaux susdits comme l'enveloppe de
« la tunique de la Sainte Vierge, et qu'on
« croit avoir été un voile de l'impératrice
« Irène. Ce voile, remarquable par plusieurs
« ornements byzantins qui le terminent
« aux deux extrémités, a été copié et des-

« siné avec soin par M. Paul Durand, doc-
« teur-médecin et artiste archéologue,
« de notre ville épiscopale, qui a été admis
« à l'ouverture de la Sainte Châsse ou cof-
« fret susdit.

« Cette première opération terminée, le
« saint vêtement de la bienheureuse Mère
« de Dieu et l'enveloppe qui y était jointe,
« ont été pliés soigneusement et placés
« sur un coussin de drap d'or, de manière
« que le vêtement de la Sainte Vierge, for-
« mant plusieurs plis gradués et placé au-
« dessus, fût facilement visible, et que l'en-
« veloppe pliée par dessus laissât aperce-
« voir une partie des franges et ornements
« bysantins dont nous parlons plus haut.

« Cette sainte relique est assujettie par six
« cordons d'or liés deux à deux par-dessus
« et terminés par de petits glands d'or. Le
« tout a été déposé dans un petit coffret
« de bois de cèdre préparé exprès, long de
« 35 centimètres, haut de 12, et large de
« 10 centimètres, garni à l'intérieur de
« soie blanche et pourvu de six ouver-

« tures, trois de chaque côté, ayant la forme
« de trèfles à quatre feuilles, du genre de
« ceux du moyen âge. Ce coffret, qui a été
« béni avant le dépôt de la sainte Relique,
« a été scellé du sceau de nos armes, ap-
« posé en trois endroits sur de la cire
« rouge, aux points de réunion des rubans
« de soie rouge qui en empêchent l'ouver-
« ture. Et ledit coffret de bois a été placé
« dans le nouveau coffret de cuivre ciselé
« et doré en forme de reliquaire du
« moyen âge, que notre cathédrale doit à
« la munificence de Mlle de Byss, etc. »

Cette précieuse tunique a été donnée à l'église de Chartres par Charles le Chauve vers 867. Ce voile ou vêtement intérieur de la Mère de Dieu tombait et se repliait sur les épaules; il couvrait aussi le corps à l'intérieur sous le manteau, qui était d'usage pour les femmes dans la Judée. La plus grande partie de ce saint vêtement, conservé à Chartres dans l'église supérieure, derrière le maître-autel, est d'une longueur de 2 mètres 12 centimètres; sur une largeur de 40 centimètres. Une autre partie, beaucoup moins considérable, détachée de la première, se voit dans la crypte dans un reliquaire, placé à côté de l'autel des saints Savinien et Potentien. — Nous avons emprunté cette note à la savante lettre pastorale de Mgr Regnault, en date du 15 août 1860.— Autrefois la Sainte Châsse n'était exposée que dans les circonstances les plus solennelles; il fallait une permission du chapître pour la montrer à des particuliers, même à des Rois, et un chanoine en étole et surplis était présent à cette exhibition.

Le Trésor de la sacristie contient en outre quelques vases sacrés en vermeil, parmi lesquels on remarque un calice donné par Henri IV, un autre calice avec ses burettes et son plateau en style Louis XIII; enfin on y voit une charmante navette; elle a la forme d'un petit navire armé de ses agrès et dont la coque est une belle nautille nacrée; elle est portée sur un pied délicatement ouvragé et enrichi de filigranes; sur ce pied, il y a deux anges tenant un écusson aux armes du donateur avec la date de 1540, et on y lit : Des biens de Mgr Mile d'Illiers, évêque de Luçon, doyen de Chartres et neveu de Messieurs Mile, et Réné d'Illiers, évêque de Chartres. C'est là tout ce qui reste de l'antique Trésor de la cathédrale de Chartres, l'un des plus riches et des plus célèbres de la Chrétienté.

Ancienne Châsse.

Je ne résiste pas au désir de dire en quelques mots quel était ce trésor avant les dévastations sacriléges de 1793. Nous n'avons qu'à parler de l'*ancienne Châsse* et des magnifiques présents, dont la piété des princes et des fidèles s'est plu à l'enrichir.

Un habile orfèvre fut chargé de son exécution; c'était Teudon, qui mourut le

18 des calendes de janvier en 991. Il paraît que cette Châsse était un admirable chef-d'œuvre ; elle a été détruite en 1793. Voici la description qu'en donne l'inventaire de 1682. « La Sainte Châsse (longueur
« 25 pouces, largeur 10 pouces, hauteur
« 21 pouces), posée sur un brancard de
« vermeil doré, semé de fleurs de lis en
« bosse. Cette Sainte Châsse, pesée avec son
« brancard, fut trouvée de 93 livres juste.
« Cette châsse est faicte de bois de cèdre,
« couverte de grandes plaques d'or (il y a
« environ 60 marcs d'or et 10 d'argent), et
« enrichie d'une infinité de perles, dia-
« mants, rubis, émeraudes, saphirs, jacin-
« thes, agates, turquoises, opales, topazes,
« onyx, chrysolithes, améthystes, grenats,
« girasols, sardoines, astriots, cassidoines,
« calcédoines, héliotropes et autres joyaux
« et présents.

« En 998, une dame illustre, Rotelinde,
« mère d'Odon, alors évêque de Chartres,
« dit un mémoire qui est au trésor de
« Chartres, donna, pour attacher à la dicte

« Châsse, quatre aigles d'or, que l'on tient
« avoir été façonnés de la main de saint
« Éloy mesme, lorsqu'il se meslait d'orfa-
« vrerie. »

Le roi Robert offrit pour orner la Sainte
Châsse, un gros saphir en cabochon en-
châssé dans un cercle plat de vermeil.

Robert le Breton, évêque de Chartres,
mort le 9 des calendes d'octobre 1164,
donna beaucoup de pierres précieuses et
son anneau pastoral pour servir d'ornements à la Châsse.

Philippe-Auguste, en 1209, *passa sous la
Châsse*, et déposa devant elle une pièce
d'étoffe de soie et un pain de cire de la
valeur de 3,200 francs.

Le roi Charles V vint visiter la Châsse
en 1366 et en 1367, et fit don d'un camée
antique dont l'inventaire de 1682 fait ainsi
la description : « Au haut du pignon de
« la Sainte Châsse est une grande agate
« ovale, sur laquelle est taillé un Jupiter.
« Le cadre est ovale et en or. Au bas, un
« écusson couronné aux armes de France.

« On lit sur la couronne : *Le roi Charles V,*
« *fils du roi Jean, donna cette agate à l'église*
« *en* 1367, estimée 6,000 livres. » Ce beau
camée se voit, depuis 1793, au cabinet des
médailles à Paris; c'est un des plus remarquables de cette riche collection par
la perfection du travail et le volume de
la pierre.

Au quatorzième siècle, nous voyons le
prince Louis de Bourbon, tige de la branche
royale dont est issu Henri IV, donner « un
« tableau d'or ovale, à deux faces : sur
« l'une sainte Marie-Magdeleine, accom-
« pagnée de Louis, comte de Vendôme;
« sur l'autre se lit « Nous, Louis de
« Bourbon, comte de Vendôme, avons
« donné ce tableau à l'église Notre-Dame
« de Chartres, et y donnons par chacun
« an, à toujours, une once d'or à prendre
« sur notre dit comté de Vendôme. Fait
« l'an 1404, au mois d'août. »

Ce tableau d'or a orné la Sainte Châsse
jusqu'en 1793. Un autre prince français,
qui a voulu n'être connu que de Dieu seul,

fit don « d'un magnifique diamant non
« taillé, de la longueur d'un pouce sur
« 9 lignes, tant de largeur que de hau-
« teur, encastré dans un châton d'or ovale
« de filigrane, enrichi de petits rubis et
« turquoises; il est d'une très-belle roche,
« et serait d'un prix considérable s'il était
« travaillé, étant plus gros que le tiers de
« celui du duc de Toscane, estimé plus
« de 2 millions. »

Un grand seigneur, qui s'est aussi caché
sous un voile impénétrable, fit placer
« sur le second côté de la Sainte Châsse
« une manière de portique; au milieu,
« une vierge d'or tenant son fils; pèse
« 1 marc, 1 once, 2 gros. »

Un magnifique camée fut encore mis
sur la Sainte Châsse, vers 1350, par une
main inconnue; il avait 2 pouces de haut,
et représentait une diane à la chasse.

Le seizième siècle s'ouvre par la riche
offrande de la reine-duchesse Anne de
Bretagne. C'était « une ceinture d'or (pe-
« sant 3 marcs, 1 once, estimée 500 écus),

« environnant le bas de la Châsse, et en-
« richie de 15 rubis, 10 saphirs et 64 per-
« les. A un des bouts il y a une grosse
« agrafe en or et à l'autre un onyx ser-
« vant de bouton. Donnée en 1506 par la
« reine Anne de Bretagne, qui y joignit
« deux bracelets d'or émaillé, attachés
« au-dessous de cette ceinture. »

Spoliation de la Sainte Châsse.

Ce fut le roi Charles IX qui ordonna, en 1662, la première spoliation de la Sainte Châsse « à cause des nécessités du « royaume, pour écarter les hérétiques ; « il fut bien ôté de la Sainte Châsse « 40 belles pièces d'or de plusieurs his- « toires. » — La Sainte Châsse échappa plusieurs fois miraculeusement aux flammes dans les divers incendies de la cathédrale : on la descendit à plusieurs reprises dans le *martyrium*, chapelle souterraine qui se trouve juste au-dessous du groupe de l'Assomption et qui est dédiée actuellement à saint Lubin.

Enfin, en 1793, la Sainte Châsse fut brisée, et le saint vêtement partagé en deux portions, qui furent gardées par les hommes chargés de cette sacrilége spoliation. Plus tard, ces portions tombèrent entre des mains pieuses qui les conservèrent précieusement. En 1820, elles furent authentiquement reconnues par Mgr de Lubersac, ancien évêque de Chartres, et placées dans un petit coffret en vermeil.

Deux ans plus tard, S. E. le cardinal Latil, alors évêque de Chartres, fit placer sur le coffret deux cœurs en or, donnés par la duchesse d'Angoulême, et il le posa sur une sorte de baldaquin en bronze doré. Nous en avons parlé au commencement de ce chapitre. D'après ce qui précède, il est aisé de comprendre que le trésor de la cathédrale de Chartres était l'un des plus riches et des plus célèbres de la chrétienté.

Procession de la Sainte Châsse.

C'est au seizième siècle que l'on voit devenir plus fréquent l'usage de descendre la Sainte Châsse et de la porter en procession jusqu'à l'abbaye de Saint-Père-en-Vallée et à celle de Josaphat. Divers manuscrits font mention des processions solennelles qui eurent lieu en 1523, 1583, 1615, 1636, 1681, 1693 et 1708.

L'usage de ces processions continue encore dans les calamités publiques.

C'est ainsi qu'en 1832 et en 1849, la Sainte Châsse fut portée processionnellement dans les principaux quartiers de la ville, car le choléra sévissait alors à Chartres ainsi que dans presque toute la France; et la confiance des Chartrains en Marie ne fut pas trompée, le choléra cessa subitement ses ravages. Mgr Clausel de Montals. évêque de Chartres, voulut qu'un monument liturgique éternisât la mémoire de cette délivrance miraculeuse. Il ordonna que chaque année, le dimanche le plus rapproché du 26 août, on ferait dans les églises de la ville une procession en l'honneur de la Très-Sainte Vierge pour rendre grâces à Dieu de la cessation du choléra.

Depuis la miraculeuse procession de 1832, il est d'usage de porter la Sainte Châsse dans la procession du 15 août. Le peuple chartrain, héritier de la vénération de ses ancêtres pour cette précieuse relique, se découvre avec respect et fléchit les genoux à son passage.

CHAPITRE VI.

NOTRE-DAME-DE-LA-BRÈCHE.

Chartres possédait déjà depuis quarante ans le précieux vêtement de la Sainte-Vierge, et ressentait chaque jour de plus en plus les effets de sa toute-puissante protection, lorsqu'il se montra véritablement la tutèle de la cité, *Tutela Carnotensis*. Nous empruntons le récit de ce fait à Paul, moine de l'abbaye de Saint-Père, lequel écrivait un siècle après l'événement :

« Je ferai ici le récit du siége de Char-
« tres, qui eut lieu sous l'épiscopat de Gan-

« telme (en l'an 911); je le ferai tant à
« cause du miracle qu'en cette occurrence
« le Seigneur Jésus a daigné opérer par
« l'intervention de sa Mère la bienheu-
« reuse Vierge Marie. Car les païens ve-
« nus d'au delà les mers, sous la conduite
« de leur chef Rollon, ayant débarqué en
« Neustrie, s'emparèrent de la plus grande
« partie de la province; déjà ils avaient
« pris sept villes, lorsque, poussés par
« l'amour du butin, ils descendirent la
« Seine, et vinrent assiéger Paris; mais
« bientôt ils levèrent le siége, et, revenant
« sur leurs pas, ils remontèrent la Seine
« jusqu'à Inguialdi; là, ils amarrèrent
« leurs vaisseaux, et d'un pas rapide ils
« accoururent devant Chartres pour l'as-
« siéger. Mais l'évêque Gantelme, ayant
« appris par révélation les dangers qui
« menaçaient sa ville épiscopale, fit de-
« mander des secours au comte de Poi-
« tiers, au duc de Bourgogne, et à deux
« puissants comtes de France, lesquels,
« au jour indiqué par le prélat, arrivèrent

« avec une nombreuse armée pour se-
« courir un peuple chrétien. Cependant
« les païens, confiants dans leur courage
« et dans leurs armes, pressaient la ville,
« et se hâtaient de s'en emparer. Mais le
« pontife, dès l'aube du jour auquel les
« secours devaient lui arriver, ordonna à
« tous les habitants de prendre les armes
« et de se rendre aux portes. Lui-même,
« prenant la tunique intérieure de la Mère
« de Dieu, il se plaça sur la porte Neuve
« et l'exposa aux regards des païens. »
Alors ceux-ci s'enfuirent effrayés, ajoute
l'historien. Cette défaite fut regardée
comme un miracle. C'en était un, en
effet, de voir ainsi fuir Rollon, jusqu'alors
la terreur des Français, sur quoi un auteur de ce siècle lui adresse ces paroles :
« Prince belliqueux, ne rougis pas de ta
« défaite; ce ne sont ni les Français ni
« les Bourguignons qui te mettent en
« fuite, c'est la tunique de la Mère de
« Dieu. »

Le poème des Miracles raconte le même

fait; mais il ajoute des circonstances plus miraculeuses encore. Les Chartrains, selon ce poème, ayant mis flotter en guise d'enseigne la sainte chemise sur les créneaux des murs de la ville, les Normands à sa vue furent frappés de cécité, et par-là même contraints de se retirer de devant la ville.

La légende ajoute que la Vierge elle-même parut sur les murs de la cité et qu'elle reçut dans son manteau les boulets que les ennemis lançaient sur la sainte tunique.

En mémoire de ce fait miraculeux, on a établi une fête solennelle le 15 mars de chaque année, où l'on se rend processionnellement dans une modeste chapelle bâtie au lieu même où fut placé le saint vêtement sur les murailles de la ville, et appelée à cet effet Notre-Dame de la Brèche. Les pieux visiteurs y verront, avec des inscriptions qui en garantissent l'authenticité, les boulets que la Vierge reçut, dit-on, dans son manteau, ou que du moins on trouva à l'endroit même où fut exposée la sainte Relique.

On arrive à cette chapelle en descendant la rue du Muret, et en tournant vers la droite dans la rue qui a pris le nom de la chapelle et qui s'appelle rue de la Brèche.

Non loin de là, pieux pèlerin, vous irez visiter les Grands-Prés, autrement dits les *Prés des Reculés*, ainsi nommés de la fuite honteuse des Normands, qui étaient campés dans cet endroit, à la vue de la sainte tunique de la Mère de Dieu. Sur votre chemin, vous ferez une prière dans l'élégante chapelle du monastère de la Visitation, dont les splendides vitraux sont l'œuvre des Carmélites du Mans.

CHAPITRE VII.

LES DIFFÉRENTES ÉGLISES DE CHARTRES.

—

§ 1. Église Saint-Pierre.

On peut regarder l'église de Saint-Pierre de Chartres, comme une des plus belles églises secondaires de la France; plusieurs de nos cathédrales lui sont même inférieures. Après avoir été longtemps la basilique d'une célèbre abbaye de Bénédictins, vulgairement appelée Saint-Père, elle est devenue, depuis le Concordat de 1801, l'église paroissiale de cette partie de Chartres nommée la basse-ville. L'abbaye elle-même sert aujourd'hui de caserne militaire.

L'église, fondée à Chartres en l'honneur de saint Pierre, par saint Savinien et saint Potentien, fut au sixième siècle érigée en abbaye par Clovis Ier, et cette abbaye fut richement dotée par sainte Clotilde.

L'église et l'abbaye éprouvèrent bien des désastres : elles furent détruites une fois par les Normands, et, à diverses reprises, elles devinrent la proie des flammes. Enfin, un dernier incendie vint les détruire encore une fois, le 5 septembre 1134, sous l'abbé Udon, qui rebâtit l'abbaye.

Le successeur d'Udon, l'abbé Foulque ou Foucher, voulant reconstruire l'église abbatiale, chargea un de ses moines, Hilduard, d'en diriger les travaux qui furent commencés vers l'an 1150. On reprit, vers 1215, les travaux interrompus de l'église. On construisit alors la nef et ses bas-côtés, qui durent être achevés vers 1230. L'église abbatiale fut dès lors complète. Toutefois, vers la fin du règne de saint Louis, les moines de

Saint-Père reconstruisirent le chœur de leur église. L'abside n'en fut même terminée que dans les premières années du quatorzième siècle.

Comme la cathédrale, l'église Saint-Pierre se vit dépouillée en 1793. Avant ce temps, de déplorable mémoire, on y voyait un magnifique autel au fond du sanctuaire construit par Jean Bernardeau et François Marchand. « Ces ouvrages « sont si merveilleux, dit l'historien de « l'abbaye, que si à présent (1671) ils « étaient à faire, un ouvrier qui pourrai « les bien faire voudrait plus de 4,000 « livres. »

Avant la révolution, il y avait des stalles fort remarquables, éxécutées en 1531, par Jacques Bourdon et Denis Mont-Audoien, maîtres-menuisiers de Chartres, pour le prix de 550 livres.

Un riche jubé fermait autrefois le chœur; il avait été construit en 1543, par J. Bernardeau et F. Marchand. Il a été démoli en 1793, et les bas-reliefs mutilés furent transportés au musée des Petits-Augustins, à Paris, d'où on les a retirés pour en décorer la deuxième chapelle de la nef septentrionale de l'église royale de Saint-Denis : on les y voit encore aujourd'hui.

Au fond de la nef, il y avait jadis un fort bel orgue. Il fut posé au mois d'août 1771 ; il coûta plus de 10,000 livres. Il avait été fabriqué par J. Thierry, facteur d'orgues à Paris.

La décoration moderne de la chapelle de la Sainte Vierge se compose de quelques dépouilles arrachées, il y a cinquante ans, aux églises et oratoires de la ville. C'est avec les vitraux la seule curiosité que présente actuellement l'église Saint-Pierre, et c'est par cette description que nous terminerons ce que nous en voulons dire, le cadre restreint de notre ouvrage nous interdisant de plus amples détails.

La statue de marbre qui surmonte le tabernacle et qui représente la Très-Sainte Vierge, provient de l'oratoire du palais épiscopal; cette statue est due au ciseau de Bridan.

Le tabernacle, en marbre blanc et rouge avec des ornements en bronze doré, était autrefois placé à la chapelle de Notre-Dame-sous-Terre à la cathédrale; la balustrade, qui forme la table de communion, a la même origine.

Les émaux, qui ornent les parois, décoraient jadis la chapelle du château d'Anet: c'est un des chefs-d'œuvre de la Renaissance. Ils ne sont pas de Bernard de Palissy, mais du célèbre Léonard Limousin, né à Limoges, en 1480, et qui y a travaillé pendant tout le règne de François Ier. Ils portent la date de 1547 et représentent les douze apôtres avec leurs emblèmes caractéristiques : on y voit aussi le chiffre et la salamandre de François Ier.
— Les deux statues placées, à l'entrée de la chapelle et représentant la Foi et l'Humilité, sont les modèles en plâtre des deux statues de Berruer qui figurent à l'entrée du chœur de la cathédrale.

§ 2. Église Saint-Aignan.

L'église de Saint-Aignan, placée au centre de la partie méridionale de la ville, reporte sa première origine à plus de quinze siècles. Au treizième siècle, elle formait déjà une collégiale composée de sept chanoines. Quatre fois rebâtie à cause des divers incendies qui ravagèrent la ville, elle fut terminée vers l'an 1630; c'est celle que nous voyons aujourd'hui. En 1793, Saint-Aignan fut dévasté et profané par la main sacrilége des révolutionnaires. Il servit d'hôpital militaire, puis de magasin. Mais il fut rendu au culte en 1822, et érigé en église paroissiale.

Ce n'est pas un monument qui mérite l'admiration des archéologues. Toutefois le seizième siècle y a laissé des sculptures et des peintures sur verre, que les amis de l'art de la Renaissance regarderont toujours avec intérêt. — La crypte de Saint-Aignan mérite d'être visitée. Elle remonte aux premiers siècles de l'ère chrétienne; mais elle a été restaurée dans les premières années du seizième siècle. Saint Aignan et ses trois sœurs y ont été enterrés. Elle ne renferme aucune œuvre d'art et sert aujourd'hui de chapelle pour les cathéchismes.

§ 3. Église Saint-André.

Cette église, malgré le triste état d'abandon dans lequel elle est tombée, est encore un monument très-intéressant sous le rapport de l'art et de l'antiquité. Elle date du milieu du douzième siècle.

Avant 1794, c'était la plus importante des dix paroisses de Chartres; elle comptait plus de deux mille communiants.

Le 17 des calendes de septembre 1108, le bienheureux Yves, évêque de Chartres, érigea l'église Saint-André en collégiale. Incendiée deux fois, elle fut rebâtie telle que nous la voyons de nos jours en 1185.

Au commencement du seizième siècle, elle était devenue trop étroite pour la nombreuse population de la paroisse; on jeta à cet effet, sur la rivière de l'Eure, une arche de 14 mètres destinée à porter le chœur et le sanctuaire, qui furent bientôt élevés avec toute la richesse du style ogival par le maçon Jehan de Beauce. L'arche jetée sur l'Eure était d'une singularité si remarquable, que Vauban, chargé par Louis XIV de visiter tous les monuments du royaume, se crut obligé, dans son rapport au roi, de la ranger au nombre des merveilles de la France.

En 1612, un prolongement nouveau fut ajouté au chevet de l'Église : on y construisit une grande chapelle dédiée à la très-sainte Vierge ; elle était supportée par une seconde arche jetée au-dessus du quai de la rive droite de l'Eure. Les événements de 1793 ont tout fait disparaître et ont déshonoré cette belle église.

A l'entrée du chœur s'élevait un jubé en bois sculpté en 1510, par P. Courtier, probablement d'après les dessins de Jehan de Beauce. L'église Saint-André possède deux cryptes vastes et profondes, qui s'étendent dans toute la longueur du transept. — Depuis soixante ans cette église sert de magasin à fourrage pour les chevaux de la garnison, et appartient au ministère de laguerre.

§ 4. Église Sainte-Foy.

Il nous reste un mot à dire sur une dernière église qui vient d'être rendue au culte l'année dernière. C'est l'église Sainte-Foy. Cette antique église, servait de salle de spectacle depuis plus de soixante années, lorsque, le jour même de la bénédiction de Notre-Dame-sous-Terre, le Révérend Père Choizin, supérieur des Maristes de Chartres, signa l'acte qui rendait sa société propriétaire du vénéré sanctuaire, dédié sous l'invocation de Sainte-Foy. Et le 6 Octobre 1859, eut lieu la réconciliation de cette église. Monseigneur Pie, évêque de Poitiers, qui assistait à la cérémonie, prononça à cette occasion un magnifique panégyrique en l'honneur de l'illustre Vierge et Martyre.

CONCLUSION.

Le cadre restreint de ce petit ouvrage ne nous permet pas de mettre sous les yeux de nos lecteurs les noms des illustres pèlerins à Notre-Dame-de-Chartres. Bien que nous en ayons donné quelques-uns dans les chapitres qui traitent de la crypte et de Notre-Dame-sous-Terre, ainsi que de la Sainte Châsse, il serait encore trop long de nommer seulement les papes, les rois, les princes et les personnages distingués qui, dans les siècles passés, sont venus s'agenouiller devant la sainte Dame de Chartres, et de cette sorte, il nous est permis de dire qu'il n'y a guère en France de pèlerinage plus illustre que celui de Notre-Dame-de-Chartres.

Quelle est ma pensée en traçant ces lignes? Ah! Je voudrais revoir cet auguste sanctuaire fréquenté comme dans ces siècles de foi; je voudrais que ces souvenirs si touchants de la piété de nos pères envers la Très-Sainte Vierge, ravivassent dans le cœur de la génération présente l'étincelle de la foi qui n'est que trop, hélas! menacée de s'éteindre, noyée dans les flots d'un matérialisme envahisseur ! Rien de plus propre en effet pour réchauffer le cœur, pour lui redonner cette vigueur de croyance que nous admirons dans nos ancêtres, que d'aller de temps en temps, que d'aller souvent, dans cet auguste sanctuaire où ils nous ont précédés, y évoquer leurs pieux souvenirs, nous agenouiller sur les mêmes dalles, respirer la même atmosphère de piété qui remplit ce lieu béni, et recevoir de la même Madone les mêmes inspirations qui les rendaient si généreux dans la pratique du bien.

Honneur donc et actions de grâce à

l'illustre prélat qui a su trouver, dans son amour pour Marie, l'heureuse et sainte inspiration de relever son autel druidique, afin de renouer par là la chaîne trop longtemps interrompue des pèlerinages, à Notre-Dame de-Chartres.

J'en ai la douce confiance, surtout à la vue des pieux pèlerins, qui, dans ces dernières années, se sont portés en foule aux pieds de la Dame de Chartres, oui, cet antique et vénérable sanctuaire va se voir de nouveau visité par tous les dévots enfants de Marie ; et j'aime à méditer cette grande et presque prophétique parole que Mgr Pie, évêque de Poitiers, prononça dans la cathédrale, le jour du couronnement de la Vierge Noire : « J'ose le prédire, « Chartres redeviendra plus que jamais le « centre de la dévotion à Marie en Occi- « dent ; on y affluera, comme autrefois, « de tous les points du monde. »

PRIÈRE D'UN PÈLERIN

A NOTRE-DAME-DE-CHARTRES.

Mère de Dieu, mon âme a été remplie de bonheur quand j'ai visité ces lieux saints où nos pères vous ont invoquée comme la douce aurore qui leur annonçait la venue du soleil de justice, où les martyrs à vos pieds ont fait avec joie le sacrifice de leur vie. Je vous remercie de m'avoir permis de contempler votre tunique, plus précieuse que l'or et les perles qui l'entourent. Prosterné au pied de cette colonne que vos enfants baisent avec amour et d'où votre Image semble les bénir, je vous le demande, ô Vierge immaculée, ô secours des chrétiens, ô Reine des anges et des hommes, obtenez-moi de votre divin Fils une foi vive, une charité ardente et une pureté parfaite. Ainsi soit-il.

FIN.

TABLE
DES MATIÈRES.

Avnat-propos. v
CHAPITRE PREMIER. — Origine de la Dévotion a Notre-Dame-de-Chartres. 1
CHAPITRE II. — La cathédrale de Chartres. 7
   § 1. Premières phases de la cathédrale. 8
   § 2. La cathédrale telle qu'on la voit aujourd'hui 15
   § 3. Quatre curiosités : 1. Trois statues. — 2. L'Ange Gardien. — 3. La Lieue. — 4. Le Chœur et le Sanctuaire. 18
CHAPITRE III. — La Vierge Noire du Pilier. 33
   Le Tour de Ville. 35

Description de la Vierge Noire. . .	86
Couronnement de la Vierge Noire. .	38
CHAPITRE IV. — LA CRYPTE DE NOTRE-DAME-SOUS-TERRE.	40
Statue de Notre-Dame-sous-Terre. .	44
Vœu des Hurons et des Abnakis. . .	51
CHAPITRE V. — LA SAINTE CHASSE. .	53
La Sainte Châsse actuelle.	53
Ancienne Châsse.	60
Spoliation de la Sainte Châsse . . .	65
Procession de la Sainte Châsse . . .	67
CHAPITRE VI. — NOTRE-DAME-DE-LA-BRÈCHE.	69
CHAPITRE VII. — LES DIFFÉRENTES ÉGLISES DE CHARTRES.	74
§ 1. Saint-Pierre.	74
§ 2. Saint-Aignan.	79
§ 3. Saint-André.	80
§ 4. Sainte-Foy.	82
CONCLUSION.	83
Prière d'un Pèlerin à Notre-Dame de Chartres.	86

Paris. — Imp. Bailly, Divry et C°, rue N.-D. des Champs, 15.

ON TROUVE A LA MÊME LIBRAIRIE

Le dépôt des articles du Pèlerinage de Notre-Dame de Chartres.

SAVOIR :

Gravures de la cathédrale de Chartres.
— de N.-D. du Pilier.
— de N.-D. de Sous-Terre.

Médaillons photographiques et **Médailles** argent de N.-D. de Chartres.

La voix de N.-D. de Chartres, petit journal mensuel religieux, dédié aux enfants de Marie. — Abonnement : 3 fr. par an.

Manuel de Dévotion du Chapelet du Précieux Sang.

Chapelets du Précieux Sang.

———

Grand assortiment de **Photographies** religieuses reproduisant les tableaux des grands maîtres.

Choix considérable de **Chapelets** montés argent, de **Paroissiens** et autres livres de piété.

———

Paris, imprimerie BAILLY, DIVRY et Comp.

www.ingramcontent.com/pod-product-compliance
Lightning Source LLC
Chambersburg PA
CBHW070318100426

42743CB00011B/2465